Mitología japonesa para principiantes

Vive las apasionantes sagas de Japón y descubre paso a paso la cultura del país nipón

Tobias Kuhn

CONTENIDO

Qué puedes esperar de este libro

Desde una perspectiva europeo-occidental, gran parte de lo relacionado con el estado de Japón, incluida su historia y cultura y la gente que vive allí, no sólo parece extranjero, sino también en cierto modo inaccesible e incomprensible. Quienes no se ocupan de ello explícitamente a menudo no tienen ninguna conexión con Japón. Por supuesto, esto también se aplica a la mitología japonesa. A diferencia de la mitología grecorromana o nórdico-germánica, el nivel de conocimiento sobre ella en Occidente es más bien bajo.

La enorme distancia geográfica y cultural hace que sea bastante improbable que haya una o incluso varias personas en las inmediaciones que estén familiarizadas con este tema. En otras palabras, se trata de un nicho de interés en este país. ¿Te interesa llenar una o dos lagunas en tu formación en este sentido? Tal vez ya tengas algunos conocimientos básicos sobre Japón y te gustaría profundizar en su mitología a continuación, o en general te interese saber cómo las distintas culturas del mundo están conformadas por sus respectivas mitologías.

En cada uno de estos casos, has tomado la decisión correcta al comprar este libro. Las peculiaridades culturales del mundo son diversas y cada una de ellas es apasionante por sí misma y ofrece al observador muchas cosas interesantes. Japón no es una excepción. Y de eso trata este libro.

Dado que el contenido de este libro está dirigido a principiantes, me gustaría abstenerme de entrar en demasiados detalles incidentales y de dar detalles que sólo son relevantes para los japonólogos profesionales. Puesto que traduciré nombres hablados y explicaré antecedentes y contextos históricos, no se presupone en absoluto el conocimiento de la lengua o la historia japonesas. En cambio, este libro pretende ofrecer a los lectores no especializados una visión general de toda la gama de temas relacionados con la palabra clave "mitología japonesa". Esto incluye, con mucho, no sólo los mitos y leyendas en sí Aprenderás todo sobre conceptos básicos que son indispensables para tratar el tema. Los antecedentes de la mitología japonesa, de qué tratan las historias mitológicas, cómo se interpretan, en qué obras literarias se recogen principalmente y mucho más.

Conceptos básicos

SHINTŌ

Aunque Japón ya no tiene una religión estatal oficialmente definida desde la completa secularización impuesta al gobierno del país por la ocupación estadounidense en 1945, tras el final de la Segunda Guerra Mundial, existen, no obstante, dos confesiones que son, con diferencia, las más populares y las que están más fuertemente representadas entre la población japonesa: Por un lado, el budismo, o más exactamente su forma japonesa, que difiere de la que se encuentra en el continente asiático, y por otro, el shintō (también conocido en círculos no especializados con la denominación menos precisa de "shintōismo").

Te habrás dado cuenta de que aquí he utilizado deliberadamente el término "confesiones" en lugar de "religiones". En cuanto a la cuestión de si el Shintō es una religión en absoluto, o si el Shintō debería denominarse como tal en la literatura de humanidades y tratarse en consecuencia, no existe una respuesta inequívocamente correcta, ni siquiera dentro de la Japonología; las opiniones difieren al respecto.

Pero no sólo en los estudios japoneses en general surgen dificultades con la definición del Shintō. Para este libro en particular, la posición del Shintō en Japón también significa que en algunos lugares es difícil delimitar lo que debe contarse como mitología japonesa y lo que no. La mayoría de los relatos mitológicos que pueden calificarse de shintōísticos están tan inextricablemente ligados a la vida cotidiana japonesa que a menudo resulta imposible distinguir entre mitología japonesa y mitología shintō.

Al igual que las tradiciones japonesas y las tradiciones shintō, ambos términos deben considerarse a menudo casi idénticos, de modo que resulta difícil, o a veces simplemente imposible, clasificar un fenómeno concreto como exclusivamente japonés o shintōístico, porque las peculiaridades japonesas características suelen ser de origen shintōístico o, al menos, estar fuertemente relacionadas con el shintō. Puesto que casi todas las tradiciones culturales de la historia intelectual japonesa están influidas de algún modo por elementos shintōísticos, sería posible y legítimo tratarlas a todas como una mitología colectiva. Sin embargo, sería muy confuso y difícil de manejar, especialmente para un principiante, tratar todo este contenido a la vez. Sentirse abrumado por tal cantidad de información, como nombres, historias y conceptos, sería bastante desalentador y, por tanto, nada propicio para comprometerse con el tema.

Por este motivo, he decidido centrarme en lo que, a grandes rasgos, podría definirse como mitología "pura" de Shintō. Trataré primero todo lo relacionado con ella y sólo al final discutiré brevemente otras ideas mitológicas.

COSMOS DE LA MITOLOGÍA JA-PONESA

También son necesarias unas breves definiciones previas de los términos. En la mitología japonesa, se menciona a los kami en absolutamente todo momento. La palabra japonesa "kami" se convierte a menudo en "dios/dioses" en las traducciones de textos en japonés a lenguas occidentales. Aunque esta traducción es apropiada en algunos casos dependiendo del texto, en el uso japonés también son posibles traducciones como "alma/s", "espíritu/s de la naturaleza", "esencia/s" o "santidad". En el contexto del Shintō, todos estos significados se aplican en algún sentido. Además, los kami no son sólo existencias de origen sobrenatural o de otro mundo, sino también antepasados o gobernantes fallecidos. También ocurre que plantas, objetos o incluso partes individuales de otros kami se entienden como kami. Puesto que no existe ninguna palabra en alemán que combine todos estos significados y, por tanto, tenga realmente las mismas connotaciones, utilizaré el término japonés sin traducir.

Además, es beneficioso comprender cómo está construido el mundo según la mitología japonesa. Está compuesto por el cielo, llamado Takamagahara (literalmente "alto nivel del cielo"), y la tierra. Nunca se menciona con detalle dónde se encuentra exactamente el cielo. Es posible que se refiera al cielo real, pero también hay interpretaciones según las cuales la mitología se refiere a lugares de Japón alejados y distantes de la civilización humana, principalmente montañas.

El cielo y la tierra están separados entre sí y conectados por un puente flotante llamado Ama no U-kihashi (literalmente "puente flotante del cielo"). Bajo la tierra se encuentra el inframundo o mundo de los muertos, Yomi (se desconoce el origen etimológico de la palabra, por lo que debe entenderse más bien como un nombre propio sin significado), al que van todos los difuntos, independientemente de su forma de vida. Además, existe otro lugar llamado Ne no Kuni (literalmente "tierra de las raíces"), que también suele denominarse inframundo en las traducciones occidentales. Según la tradición, este lugar es idéntico al inframundo llamado Yomi o es otro mundo inferior, un reino de los muertos del que renace la vida. Siempre que se menciona el inframundo en lo que sigue, se hace referencia a Yomi; en aras de la claridad, la tierra raíz siempre se nombra como tal.

Al principio, la mayoría de los kami viven en el cielo y sólo entran en la tierra temporalmente, si es que lo hacen, antes de volver al cielo, morir y entrar así en el inframundo o "retirarse", lo que en la mayoría de los casos sólo significa que a partir de ese momento ya no aparecen en la narración. Más adelante, varios kami viven en la tierra y se separan de los que están en el cielo.

Japón, por supuesto, está situado en la Tierra. Puesto que el estado japonés aún no existía con este nombre y en su forma moderna en el momento en que se escribió la mitología, el grupo de islas que forman el Japón actual recibe distintos nombres en los mitos que surgieron en distintas épocas. En parte se trata de paráfrasis muy poéticas, como Ashihara no Nakatsukuni (literalmente "tierra dentro de las llanuras de juncos") o Toyoashihara no Mizuho no Kuni (literalmente "tierra de jóvenes espigas de arroz en las ricas llanuras de juncos"), pero en parte son los nombres de antiguas provincias dentro de Japón, que a veces se utilizan como sinónimos de todo Japón o de todo el mundo. Esto se debe a que muchos cuentos y anécdotas locales se han incorporado a la mitología de todo Japón a lo largo del tiempo, y estos cuentos a menudo sólo mencionan el nombre de su lugar de origen cuando se refieren al mundo humano. La provincia histórica de Izumo, que estaba situada en la parte oriental de la actual prefectura de Shimane, se menciona con especial frecuencia.

La narración mito-lógica

KUNIUMI Y KAMIUMI

La narración de la mitología japonesa comienza con la creación del universo. No se especifica la causa de este surgimiento y, al principio, el universo se encuentra en un estado caótico y sin forma. Aproximadamente al mismo tiempo, surgen de la nada cinco generaciones de kami, los llamados Koto Amatsukami (literalmente "distinguidos kami celestiales"). El cielo y la tierra surgen y se separan el uno del otro.

Así pues, la tierra ya existe, pero sólo está formada por mar y aún no tiene tierra. Tras la creación del cielo y la tierra, se añaden otras siete generaciones, las llamadas Kamiyo Nanayo (literalmente "siete generaciones de la edad de los Kami"). Mientras que las cinco generaciones del Koto Amatsukami y las dos primeras del Kamiyo Nanayo constan cada una de un solo kami sin sexo, que ha aparecido espontáneamente y no se reproduce, las cinco generaciones posteriores del Kamiyo Nanayo constan cada una de dos hermanos, un kami masculino y otro femenino, que juntos dan vida a la siguiente generación.

A ésta le sigue la era conocida como Kuniumi (literalmente "nacimiento de la tierra"), en la que hay que situar el comienzo de la existencia de nuestro mundo. El mito habla de los dos kami Izanagi no Mikoto (literalmente "el invitador"; en adelante Izanagi) e Izanami no Mikoto (literalmente "la invitadora"; en f. Izanami), que, como séptima y última generación de los Kamiyo Nanayo, son hermanos y pareja. De sus predecesores reciben la responsabilidad de crear la tierra. Entran en el puente que une el cielo y la tierra. Desde allí, crean la primera masa de tierra de la historia tocando la superficie del agua con una lanza enjoyada, agitando el agua y luego levantando la lanza por encima del agua para que algunas gotas de agua salada vuelvan a caer sobre la superficie del agua, convirtiéndose en la isla de Onogoroshima (literalmente "isla que se coagula por sí misma").

Izanagi e Izanami entran ellos mismos en esta tierra, construyen un palacio apoyado en un pilar del cielo y se casan allí. Debido a un error en el ritual nupcial, su primer hijo, un varón, nace imperfecto. Según la fuente, es simplemente minusválido o carece de brazos y piernas o incluso de huesos. Debido a este aspecto característico, le llaman Hiruko (literalmente "niño sanguijuela") y le abandonan en un pequeño barco en el mar.

Después de que Izanagi e Izanami pidan consejo a los demás kami que aún permanecen en el cielo, repiten la ceremonia de la forma correcta e Izanami da a luz a la mayoría de las islas de Japón, una tras otra, completando el Kuniumi y allanando el camino para el llamado Kamiumi (literalmente "nacimiento de los kami").

En las islas japonesas, Izanami también da a luz a numerosos kami. Diversas fuentes hablan de un número comprendido entre 800 y 800 millones. El último de sus hijos es Hi no Kagutsuchi (literalmente "poder brillante"; i. F. Kagutsuchi), el kami del fuego. Según la tradición, el cuerpo de Kagutsuchi está formado enteramente por llamas o emite fuego constantemente, por lo que inflige heridas tan graves a su madre durante el parto que ésta muere a causa de ellas y tiene que ser enterrada. En su ira, Izanagi mata a su hijo Kagutsuchi. De sus restos surgen más kami y cuando Izanagi corta su cuerpo en ocho pedazos con una espada, éstos se convierten en ocho volcanes.

Izanagi, impulsado por el deseo de volver a ver a su esposa, va al inframundo, donde por fin la encuentra. Ella le expresa el deseo de que no la mire, pues ya ha comido de los frutos del inframundo y ha sido cambiada por ellos. Cuando hace caso omiso de esta petición e intenta echar un vistazo a hurtadillas a Izanami dormida por la noche, descubre horrorizado que su aspecto exterior, antaño hermoso, se ha convertido en el de un cadáver putrefacto y corroído.

Su grito despierta a Izanami e Izanagi, perseguido por ella y una horda de guerreros, huye del inframundo, lo que consigue con la ayuda de tres melocotones de un árbol cercano. Al llegar a la entrada del inframundo, su mirada y la de Izanami se encuentran por última vez antes de que él cierre la entrada con la ayuda de una roca. En venganza, Izanami jura dejar morir a 1000 personas cada día, a lo que Izanagi jura asegurarse de que se produzcan 1500 nacimientos cada día.

Como había estado en el inframundo y tenía que ver el estado en que se encontraba Izanami, Izanagi realiza un ritual de purificación en un río. Varios kami surgen de sus ropas desechadas, así como del lavado de las impurezas del inframundo con el agua del río. Entre ellos, es especialmente importante mencionar a los tres últimos: El kami del sol, Amaterasu-Ōmikami (literalmente "iluminando el cielo"; i. F. Amaterasu), nacido del ojo izquierdo de Izanagi; el kami de la luna, Tsukuyomi no Mikoto (literalmente "contando las lunas resp. Tsukuyomi), de su ojo derecho; y el kami de la tormenta y el mar, Susanoo no Mikoto (literalmente "el impetuoso"; es decir, Susanoo), de su nariz.

Estos tres hermanos nacen al mismo tiempo y desempeñan probablemente el papel más importante de toda la mitología japonesa. En una variación de la narración tal y como aparece en el Nihonshoki, Amaterasu, Tsukuyomi y Susanoo no son creados sólo por Izanagi, sino que son tres de los hijos que Izanagi e Izanami engendraron juntos tras su llegada a la tierra recién creada. Amaterasu es su primer hijo. En esta tradición, Izanami no muere, por lo que ni ella ni su marido entran en el inframundo.

Antes de retirarse, Izanagi divide el mundo entre los tres niños: A Amaterasu se le da el dominio sobre el cielo, a Tsukuyomi sobre la noche y a Susanoo sobre los mares. A diferencia de sus dos hermanos, Susanoo se niega a cumplir con su deber, prefiriendo estar con Izanami. Tras llorar durante tanto tiempo que ya ha crecido y se ha dejado crecer una barba de ocho anchos de mano, provocando mientras tanto que todos los ríos se sequen, es desterrado al país de las raíces por su padre, de quien no se vuelve a hablar a partir de entonces. Esto marca el final de los Kamiumi.

MIHASHIRA NO UZU NO MIKO

Amaterasu, Tsukuyomi y Susanoo reciben colectivamente el nombre de Mihashira no Uzu no Miko (literalmente "los tres niños nobles o preciosos"). Amaterasu, en particular, representa la figura central de la mitología japonesa. En contraste con la importancia de Tsukuyomi está la escasa mención que se hace de ella en los textos mitológicos. De hecho, se sabe tan poco de Tsukuyomi que ni siquiera se conoce su sexo. Sin embargo, en la mayoría de los casos se supone que era un kami masculino.

Amaterasu y Tsukuyomi se casan y comparten temporalmente el cielo. Cuando Amaterasu envía a Tsukuyomi como su representante ante Ukemochi, kami de la comida y otra hija de Izanagi e Izanami, Tsukuyomi mata a Ukemochi por el disgusto que le produce crear comida a partir de distintas partes de su cuerpo. También se crean más kami a partir de sus restos. Amaterasu y Tsukuyomi se separan y Amaterasu, profundamente enfadada, decide que no quiere volver a ver a Tsukuyomi.

Antes de que Susanoo inicie su exilio, asciende hasta su hermana Amaterasu en el cielo para despedirse de ella. Para demostrarle que sus intenciones son sinceras, los dos hermanos se enzarzan en un concurso, cuyo desarrollo exacto varía de una fuente a otra. Durante este concurso, se crean muchos más kami a partir de las ropas, joyas, armas y otros objetos que los dos hermanos llevan consigo. En este momento, sin embargo, sólo cabe mencionar a Ame no Oshihomimi, que fue creada a partir de las joyas que Amaterasu llevaba en el pelo.

Tras el final de la competición, Susanoo comete una serie de fechorías sacrílegas, las llamadas amatsutsumi (literalmente "crímenes o pecados celestiales"), en las que, entre otras cosas, destruye la cosecha, profana lugares sagrados y enfurece e incluso hiere mortalmente a otros kami. Según la fuente, lo hace porque pierde la contienda y se siente frustrado por ello, o porque la gana y está tan embriagado por su victoria que ya no puede controlar su propio comportamiento.

Al principio, Amaterasu sigue dispuesta a pasar por alto las hazañas de Susanoo, pero cuando éste despelleja un caballo, perfora el tejado de la sala de tejer de Amaterasu, arroja el caballo despellejado por uno de los agujeros al interior de la sala y, de este modo, hiere mortalmente a una de las tejedoras, ella también acaba por hartarse. Se retira horrorizada a una cueva y, como encarna al sol, la luz solar desaparece del cielo y de la tierra, dejándola en la oscuridad.

Liderados por Tokoyo no Omoikane (literalmente "eternamente al servicio de sus pensamientos"), el kami de la sabiduría, los demás kami idean un plan para persuadir a Amaterasu de que regrese con la ayuda de una espectacular representación frente a la cueva. La representación incluye pájaros cantores y árboles arrancados de raíz. Su parte más importante consiste en una danza ritual y pantomímica ejecutada ante la cueva por Ame no Uzume no Mikoto (es decir, Ame no Uzume), kami del crepúsculo, la felicidad y el arte, en una especie de estado de trance Vestida con flores, hojas y plantas, ofrece un espectáculo cómico y divertido antes de quitarse la ropa y ejecutar la danza desnuda.

Entonces consigue que todos los kami reunidos se rían a carcajadas, lo que también escucha Amaterasu en la cueva. Cuando mira al exterior, se ve a sí misma en un espejo que han colocado frente a la entrada. Camina hacia el espejo y queda cegada por su propio reflejo, que brilla intensamente, de modo que al principio no se reconoce. El kami Ame no Tajikarao (literalmente "mano fuerte del cielo"), de pie junto a la entrada, aprovecha la oportunidad y la saca completamente de la cueva. Después de que los demás kami le imploren y rueguen desesperadamente que regrese, ella accede y la luz del sol vuelve al mundo. La escena en la que sale de la cueva, se enfrenta a la actuación de Ame no Uzume y los demás kami y permite que la luz del sol vuelva a brillar es uno de los momentos más famosos de la mitología japonesa y ha sido inmortalizado artísticamente muchas veces. Susanoo es sometido a una ceremonia de purificación como castigo por sus actos y es desterrado de nuevo.

SUSANOO Y ŌKUNINUSHI

Susanoo, desterrado a la Tierra, se encuentra con una pareja de ancianos afligidos que le cuentan que en los últimos siete años siete de sus ocho hijas han sido devoradas por Yamata no Orochi (literalmente "serpiente gigante de ocho tenedores"; es decir, Orochi), un enorme monstruo parecido a una serpiente o un dragón con ocho cabezas y ocho colas. Cuando se acerca la hora de que Orochi aparezca por octava vez y se lleve también a su última hija Kushinada-hime (literalmente "princesa maravillosa de los arrozales"), piden ayuda a Susanoo.

Éste se revela como hermano de Amaterasu y ofrece matar a Orochi si le permiten casarse con su hija. Transforma a Kushinada-hime en un peine y la esconde en su pelo para que no la vea el monstruo. A continuación, la pareja elabora sake siguiendo las instrucciones de Susanoo, con el que emborracha a Orochi y luego Susanoo lo mata. En el cuerpo del monstruo encuentra la legendaria espada Kusanagi no Tsurugi (literalmente "espada cortadora de hierba"), que regala a su regreso a su hermana Amaterasu para compensar su comportamiento y resolver la disputa entre los dos hermanos.

Ōkuninushi no Mikoto (literalmente "dueño o señor de la gran tierra"; en español: Ōkuninushi), que, según la fuente, es hijo o tataranieto (es decir, descendiente de sexta generación) de Susanoo y Kushinada-hime, viaja a un reino extranjero con sus 80 hermanos o hermanastros mayores (el número 80 puede no significar literalmente y representar también un número muy grande). Viaja a un reino extranjero con sus 80 hermanos mayores o hermanastros (el número 80 posiblemente no signifique literalmente y también puede representar un número muy grande), ya que todos están interesados en la princesa Yagami-hime que vive allí. Los hermanos se adelantan y se encuentran con un conejo herido que ha sido atacado por cocodrilos y tiburones y necesita ayuda.

En su naturaleza cruel, le gastan una broma para que su dolor y sufrimiento sean aún peores. Ōkuninushi, que les sigue, también se encuentra con el conejo y le ayuda. Gracias a su ayuda, atrae la atención de la princesa Yagami-hime, lo que le granjea la envidia de sus hermanos. Juntos, los celosos hermanos atraen a Ōkuninushi a una trampa para que muera quemado en una roca al rojo vivo. Su madre pide a Kamimusubi no Mikoto (literalmente "el que hace surgir a los kami"), uno de los Koto Amatsukami mencionados anteriormente, que le devuelva la vida. Él le concede su deseo y Ōkuninushi vuelve a ser un apuesto joven.

Entonces el proceso se repite, los hermanos vuelven a matarlo partiendo un árbol con una cuña y haciendo que se vuelva a unir, aplastando a Ōkuninushi. Su madre consigue de nuevo traerlo de vuelta. Esta vez le aconseja que huya a Susanoo, en el país de las raíces. Durante su huida, escapa por los pelos de un tercer y último atentado contra su vida por parte de sus hermanos.

Tras escapar con éxito, busca a Susanoo y se enamora de la hija de éste, Suseri-hime. Susanoo no está de acuerdo con un matrimonio entre ambos, por lo que le plantea cuatro pruebas, que por su absurda dificultad están diseñadas para que no las supere. Sin embargo, tras superarlas -tres de ellas gracias a la ayuda de Suseri-hime y una gracias a la ayuda de un ratón de campo-, ata el pelo de Susanoo a las vigas del tejado del palacio y huye con Suseri-hime, así como con la espada de Susanoo, su arco y su koto (cítara japonesa). Cuando accidentalmente derriba un árbol con el koto, Susanoo se despierta, derriba accidentalmente las vigas al pisarlas con demasiada rapidez y violencia, y de este modo derriba su propio palacio. Los persigue hasta la entrada del País de las Raíces, a pesar de la ventaja que llevan. Mientras tanto, sin embargo, Ōkuninushi había conseguido impresionar a Susanoo superando las pruebas y protagonizando una espectacular huida.

En lugar de perseguir a los dos amantes, les da su bendición y deja a Ōkuninushi sus armas, con las que consigue derrotar a sus hermanos tras su regreso y se convierte en amo del reino terrenal. Al mismo tiempo, vuelve a formar la tierra, lo que se considera una continuación del acto de creación interrumpido por la muerte de Izanami.

Amaterasu ofrece a su hijo Ame no Oshihomimi el dominio de la tierra. Como éste se niega alegando que, en su opinión, la Tierra es aún demasiado salvaje e indómita, Amaterasu hace la misma oferta a su segundo hijo, Ame no Hohi. Éste se pone en camino, pero una vez en la Tierra, él y el Ōkuninushi, que gobierna la Tierra, desarrollan simpatías mutuas, de modo que Ame no Hohi ya no está interesado en tomar el poder y ya no informa a su madre. Su hijo, Ame no Wakahiko, es el siguiente en recibir la oferta de Amaterasu y es enviado a la Tierra. Allí, sin embargo, se casa con la hija de Ōkuninushi, Shitateru-hime, y también hace caso omiso de su misión original. Por este motivo, Amaterasu y Takamimusubi no Mikoto (literalmente, "la de alma elevada que da a luz"), otro Koto Amatsukami, envían al kami del trueno y la espada, Takemikazuchi (literalmente, "valiente rayo y trueno"), que es uno de los kami creados tras el asesinato de Kagutsuchi por Izanagi, para subyugar la tierra.

Tras su llegada, Takemikazuchi exige a Ōkuninushi que le entregue las tierras. Ōkuninushi deja la decisión en manos de sus dos hijos. Mientras uno de ellos, Yae Kotoshironushi, acepta inmediatamente entregarle la tierra, el otro, Takeminakata, le reta a un combate, que gana Takemikazuchi. Este proceso se denomina kuniyuzuri (literalmente "entrega de la tierra").

Una vez subyugado el país de este modo, Amaterasu vuelve a ofrecer a Ame no Oshihomimi que lo gobierne. Éste, en cambio, propone a su hijo, Amatsuhiko Hikoho no Ninigi no Mikoto (es decir, Ninigi) como gobernante, lo que Amaterasu y Takamimusubi aceptan. Ninigi entra en la tierra, solo o acompañado de otros kami, según la tradición. Su camino a la tierra se denomina Tenson kōrin (literalmente "descenso del cielo"). Sarutahiko Ōkami (literalmente "príncipe del campo de monos", es decir, Sarutahiko), líder de los kami terrestres, se interpone en su camino, pero es persuadido para que le deje pasar por Ame no Uzume, mencionada anteriormente. Ame no Uzume y Sarutahiko se convierten en pareja. En la Tierra, Ninigi se enamora de Konohanasakuya-hime (literalmente "princesa de los cerezos en flor"), kami del monte Fuji. Le pide a su padre, Ōyamatsumi (literalmente "morador de las grandes montañas"), kami de las montañas y la guerra, que se case con ella.

Ōyamatsumi le ofrece en su lugar a su hija mayor, Iwanaga-hime, a quien Ninigi rechaza por su aspecto. Ōyamatsumi permite el matrimonio entre Ninigi y

Konohanasakuya-hime, pero maldice a Ninigi por rechazar a Iwanaga-hime. Como consecuencia de la maldición, Ninigi y todos sus descendientes quedaron privados de la inmortalidad y su esperanza de vida se acortó drásticamente. En otras tradiciones, es la propia Iwanaga-hime quien pronuncia la maldición.

JINMU

Ninigi lega un anzuelo a su hijo mayor Hoderi no Mikoto (literalmente "resplandor de fuego"; i. F. Hoderi) para convertirlo en pescador, y un arco a su hermano menor Hoori no Mikoto (literalmente "riqueza de la cosecha"; i. F. Hoori) para convertirlo en cazador. Hoderi está descontento con su regalo, ya que un arco puede utilizarse con cualquier tiempo, mientras que la pesca depende del tiempo adecuado. Como es el hermano mayor, cree que merece el regalo más útil y convence a Hoori para que se lo cambie. Sin embargo, como sigue fallando su objetivo con el arco, quiere invertir el intercambio. Hoori, sin embargo, pierde el anzuelo en el mar. Después de que Hoderi insista en que lo vuelva a encontrar e incluso le amenace de muerte, Hoori se pone a buscar en el mar. Conoce a Toyotama-hime (literalmente "Princesa de las Joyas Ricas"), la hija de Watatsumi (literalmente "Protector del Mar"), el kami con forma de dragón del agua, con quien se casa.

Después pasa algún tiempo en el palacio de Watatsumi. Después de contarle a su suegro su situación, hace que todos los peces busquen el anzuelo. Finalmente, lo encuentra en la boca de un pez. Hoori, nostálgico, regresa junto a su hermano con su esposa, el anzuelo maldecido por Watatsumi, así como una joya que controla la marea y otra que controla la inundación. Hoderi se da cuenta de que ya no puede tener éxito con el anzuelo debido a la maldición y ataca a Hoori. Hoori le vence con la ayuda de las dos joyas y Hoderi jura que sus descendientes servirán como guardaespaldas de Hoori.

Toyotama-hime se queda embarazada de Hoori. Éste le construye una cabaña de parto con plumas de cormorán. Cuando se acerca el nacimiento del niño, la cabaña aún no está completamente terminada y, por tanto, no es opaca. Por ello, Toyotama-hime pide a su marido que no la mire cuando nazca el niño, ya que para ello tiene que asumir su forma no humana. Él no consigue refrenar su curiosidad y ve que ella se ha transformado en un dragón parecido a un cocodrilo o un tiburón para el parto. Hoori se asusta y huye.

Toyotama-hime está tan avergonzada que se retira al mar, dejando atrás a su marido y a su hijo recién nacido Ugayafukiaezu no Mikoto (literalmente "cubierta incompleta de plumas de cormorán"; i. F. Ugayafukiaezu) y cerrando el paso al reino del mar. Envía a su hermana menor Tamayori-hime para que cuide de la niña. En otras versiones, Tamayori-hime ya ha llegado con ellos cuando Hoori y Toyotama-hime regresan.

Cuando Ugayafukiaezu crece, se casa con su tía Tama-yori-hime.

Juntos, Ugayafukiaezu y Tamayori-hime tienen cuatro hijos. A la edad de 45 años, su hijo menor Kamu-yamato Iware-biko no Mikoto (es decir, Kamu-yamato Iware-biko) aconseja a sus tres hermanos que emigren más al este para conocer mejor los territorios inexplorados de allí y encontrar un lugar más adecuado para administrar todo el país. Cuando llegan al cabo de varios años, Kamu-yamato Iware-biko es el único de ellos que sigue vivo, pues sus hermanos han muerto en batallas por el camino. Un cuervo de tres patas le conduce a lo que más tarde se convertirá en la provincia de Yamato. Otro hombre llamado Nigihayahi también reclama el trono allí, ya que él también afirma descender de los kami. Sin embargo, cuando ve a Kamu-yamato Iware-biko, le reconoce como legítimo y le cede voluntariamente el reinado. Kamu-yamato Iware-biko subió al trono en el año 660 a.C. con el nombre de Jinmu-Tennō, convirtiéndose en el primer emperador de Japón. Con él y la dinastía que estableció, termina la era de los kami y comienza la de los hombres, o emperadores humanos. Se dice que murió en 585 a.C. a la edad de 126 años.

Significado

EXPLICACIÓN DE LOS FENÓME-
NOS NATURALES Y CULTURALES

Muchos elementos de la mitología japonesa funcionan como una especie de explicación de diversos fenómenos observables en la naturaleza y la cultura japonesas. El cierre de la entrada al inframundo por parte de Izanagi establece el hecho de que existe una separación y demarcación entre el mundo de los vivos y el de los muertos que no se puede cruzar fácilmente.

El voto de Izanami de provocar 1000 muertes cada día, y la reacción de Izanagi al respecto trayendo 1500 personas al mundo cada día, pone en marcha el comienzo del ciclo natural de la vida y la muerte. La alternancia natural del día y la noche, o del sol y la luna, también se explica mitológicamente: como Amaterasu y Tsukuyomi se han peleado y Amaterasu ya no quiere ver a Tsukuyomi, el sol y la luna no pueden verse juntos. La maldición de Ninigi por Ōyamatsumi o I-wanaga-hime explica por qué la vida humana tiene su duración media. Incluso el simple hecho de que los humanos preparen la comida y se la coman para sobrevivir tiene una explicación mitológica. Tras el asesinato de Ukemochi a manos de Tsukuyomi, Amaterasu hizo que le trajeran la comida que había creado, se aficionó a ella y decidió que en el futuro también serviría de alimento a los descendientes de los kami.

Se considera que la representación de Ame no U-zume frente a la cueva es el origen mitológico o la inspiración del teatro kagura japonés, mientras que se dice que la lucha entre Takemikazuchi y Takeminakata por el dominio de la tierra representó el primer combate de lucha Sumō de Japón, en el que se inspiran las luchas tradicionales.

La estrecha relación de Japón con el mar, que siempre ha sido importante en la historia del país y de su pueblo, se remonta también a la mitología. En ella, el mar funciona a menudo como una especie de "otro mundo" en el que parecen suspenderse muchas de las leyes que se aplican en tierra. Por ejemplo, está escrito sobre el palacio de Watatsumi (Ryūgū-jō) que el tiempo transcurre allí de forma diferente o que hay una estación distinta en cada uno de sus cuatro lados. En épocas anteriores, todavía parece fácil viajar entre la tierra y el mar, pero tras la separación más clara entre los dos reinos provocada por Toyotama-hime, esto cambia, lo que explica por qué no siempre es fácil ir y venir entre la tierra y el mar sin más. Por otra parte, Hiruko, el hijo abandonado por Izanagi e Izanami, sirve para explicar algunos atributos positivos asociados al mar.

Por ejemplo, los japoneses suelen estar muy agradecidos por el pescado y otras riquezas que llegan a la orilla. Se dice que ciertas piedras arrastradas hasta la orilla auguran una buena pesca, e incluso los cadáveres arrastrados por el agua o encontrados cerca de la costa se consideran sorprendentemente una señal positiva y suelen enterrarse respetuosamente en el cementerio de la aldea.

Entre los compañeros de Ninigi en su camino a la Tierra hay cinco kami, que se consideran los antepasados de cinco clanes familiares japoneses diferentes y que también representan cada uno un grupo profesional: Sombrerero, Escudero, Metalúrgico, Tejedor y Joyero. El hecho de que bajen a la tierra con Ninigi explica no sólo por qué estas profesiones son comunes entre el pueblo, sino también por qué la familia

respectiva ejercía tradicionalmente la profesión corres-
pondiente. Del mismo modo, el juramento de Hoderi
de que sus descendientes deben servir a los de su hermano Hoori es una legitimación del papel del clan familiar que se remonta a Hoderi en el imperio.

PAPEL Y (PSEUDO)HISTORICIDAD DE LOS TENNŌ

El papel de la casa imperial en Japón está en gran medida legitimado mitológicamente.

La espada capturada por Susanoo (Kusanagi no Tsurugi), el collar de Amaterasu (Yasakani no Magatama) y el espejo colocado frente a la cueva de Amaterasu (Yata no Kagami) fueron, según la leyenda, entregados a Ninigi por Amaterasu en su camino a la tierra y legados por él a sus descendientes. Se denominan las tres insignias imperiales de Japón (Sanshu no Jingi, literalmente "tres tesoros sagrados") y se dice que siguen en posesión de la familia imperial en la actualidad, lo que también legitima su poder.

La parte de la crónica registrada de Japón que puede llamarse mitológica no termina con la era de los kami, sino que continúa durante muchos años a lo largo de la historia japonesa, terminando, según el punto de vista histórico, en el siglo I a.C. o incluso en fecha tan tardía como el siglo VI d.C. No sólo es muy probable que el Jinmu-Tennō sea mitológico, sino que también se supone que sus ocho sucesores no vivieron realmente en la forma descrita mitológicamente. Es muy cuestionable que existieran y que las fechas que se conservan de su nacimiento, muerte y reinado sean correctas. Sólo hay pruebas históricas de la existencia del décimo emperador japonés, el Sujin-Tennō, que asumió el poder en el año 97 a.C. No obstante, a él y a algunos de sus sucesores también se les suele calificar de "legendarios", ya que las pruebas apuntan a su existencia, pero no son lo bastante sólidas como para establecer su historicidad de forma inequívoca.

El 15° emperador, Ōjin-Tennō, que ascendió al trono en el año 270 d.C., es considerado por algunos historiadores como el primer Tennō, cuya existencia -a pesar de las pruebas aún no concluyentes- es muy probable. La historicidad de algunos de sus sucesores se ve respaldada por el hecho de que presumiblemente coinciden con los gobernantes japoneses mencionados en los registros chinos, a los que allí se hace referencia como los "Cinco Reyes de Wa" y que enviaron emisarios a China para ser reconocidos por el emperador de ese país. Todos los herederos al trono a partir del 29° emperador, Kinmei-Tennō, que gobernó de 539 a 571, están atestiguados históricamente. Esto se aplica tanto a su existencia per se como a las fechas de su nacimiento, ascenso y muerte.

Se cree que en la historia de la grabación de los mitos japoneses, el texto narrativo original se alteró o manipuló ocasionalmente por motivos políticos para asegurar la posición de la familia imperial. Entre otras cosas, la posición especial que se suele dar a la provincia histórica de Yamato, y también su frecuente mención como sinónimo de todo Japón, se construyó probablemente a posteriori porque la familia imperial era originaria de allí.

También es posible que la espada que Ōkuninushi recibe de Susanoo, con la que derrota a sus hermanos y asegura su dominio sobre la tierra por el momento, sea la Kusanagi no Tsurugi que ha capturado. Sin embargo, como ésta debe pasar a posesión de la familia imperial para legitimar su poder, el mito se modificó, presumiblemente en nombre de un Tennō, de modo que Amaterasu se queda inicialmente con la Kusanagi no Tsurugi y más tarde se la da a Ninigi para que se la lleve con ella. La espada legada a Ōkuninushi fue renombrada a una "Espada de la Vida" no especificada. En otras versiones, es en cambio una lanza o no se menciona en absoluto.

Sin embargo, contrariamente a la creencia popular, no es cierto que el pueblo japonés creyera que el propio Tennō era un kami con forma humana. Se le considera un ser humano descendiente de los kami, pero no se percibe que tenga nada de sobrenatural o no humano. Así, cuando Estados Unidos pidió al 124 Tennō, Hirohito, después de la Segunda Guerra Mundial que reconociera públicamente que era humano, esto no cambió la opinión de la población japonesa en general hacia su jefe de estado, contrariamente a la opinión estadounidense.

MOTIVOS

Un motivo definitorio de la mitología japonesa es la personalidad de los kami, que suele ser muy humana. Muestran emociones humanas, a menudo reaccionan de forma muy humana a las circunstancias externas o al comportamiento de los demás, de vez en cuando cometen errores y se comportan de forma fuerte o débil en distintos tipos de situaciones. En términos más generales, piensan, actúan, se comportan y reaccionan de forma comprensible para los humanos. Sin embargo, como ya se ha dicho, éste es el caso habitual, que no está exento de excepciones.

En casos más aislados, el comportamiento de algunos kami desafía la comprensión humana. El ejemplo más antiguo es el de Izanami en el inframundo. Es comprensible que no quiera ser vista por su hermano y compañero en su estado; en cambio, su reacción posterior parece, en el mejor de los casos, desproporcionadamente exagerada y, en el peor, completamente incomprensible Tales ocurrencias no son tan frecuentes, pero cada vez resultan especialmente notables.

Otro motivo que contiene la mitología japonesa -o, más exactamente, que a menudo no contiene- es el concepto del bien y del mal. En su mayor parte, éste está notablemente ausente. Hay kami, así como otros seres y hechos, que tienen claramente connotaciones negativas, pero el estado que prevalece la mayoría de las veces es de ambivalencia.

Existe una cierta idea de moralidad, pero sólo está definida muy vagamente. En los puntos en los que algo debe ser percibido claramente por el observador como bueno o malo, como justo o injusto, no sólo los kami se muestran más bien impasibles, sino que la propia narración del texto rara vez toma partido y rara vez especifica cómo debe juzgarse moralmente la situación. Por supuesto, hay excepciones, como en el caso extremo de las fechorías de Susanoo, que son condenadas unánimemente por los kami y en las que la narración del texto también deja inequívocamente claro que se trata de actos claramente malvados.

Ciertos objetos también aparecen con más frecuencia como motivos. Un buen ejemplo es la Totsuka no Tsurugi (literalmente "espada de diez manos"). Siempre que se menciona una espada, ocurre una y otra vez que se trata precisamente de una espada así. La espada con la que Izanagi mata a su hijo Kagutsuchi y descuartiza su cuerpo es una Totsuka no Tsurugi, por ejemplo. Más tarde recibe el nombre de Itsu no Ohabari e incluso aparece como un ser vivo y parlante o kami de pleno derecho. En la contienda entre Amaterasu y Susanoo intervino otra Totsuka no Tsurugi sin nombre, y la espada que Susanoo utiliza para abatir a Orochi también es de este tipo (a diferencia de la legendaria Kusanagi no Tsurugi que encuentra en el cuerpo del monstruo).

Cuando Takemikazuchi exige la entrega del poder a Ōkuninushi tras su llegada a la Tierra, también se sienta sobre una Totsuka no Tsurugi con el nombre propio de Futsu Mitama no Tsurugi, que él mismo había clavado previamente en la tierra. Más tarde, por intervención de Takemikazuchi, la misma espada llegó de forma indirecta a manos del futuro Jinmu-Tennō, Kamu-yamato Iware-biko, a quien ayudó a ganar una batalla en la región de Kumano.

Por último, no se puede ignorar que el incesto también es un motivo recurrente. Algunos kami se casan con miembros de su familia, a menudo sus hermanos inmediatos, y tienen descendencia con ellos. En los registros textuales, esto no se comenta como algo inusual o incorrecto, y la descendencia no muestra ninguna consecuencia asociada. Por ejemplo, el estado en que se encuentra Hiruko al nacer se atribuye al ritual nupcial que salió mal, no a la relación de parentesco de sus padres. Además, los hijos que le siguen no parecen verse afectados por los mismos problemas. Probablemente, una de las razones más obvias y evidentes es que, a pesar de su personalidad predominantemente parecida a la humana, los kami no deben equipararse a los humanos y, por tanto, ni la reputación negativa o el tabú ni las consecuencias del incesto se aplican necesariamente a ellos.

Pero incluso más allá de eso, hay otras razones que explican su mayor frecuencia. En primer lugar, los matrimonios entre hermanastros no fueron infrecuentes en la familia imperial hasta aproximadamente el siglo VI; en segundo lugar, la palabra imo (lectura moderna: imōto), que hoy en día casi siempre significa "hermana menor", también puede significar "esposa" en el japonés antiguo, por lo que algunos supuestos casos de incesto en la mitología japonesa pueden no referirse realmente a hermanos.

Situación de la fuente

KOJIKI

Las dos obras literarias más importantes que se consideran fuentes de la mitología japonesa son el Kojiki (literalmente, "registro de acontecimientos antiguos") y el Nihon Shoki (literalmente, "crónica escrita de Japón"). Ambas obras comienzan con los orígenes mitológicos del mundo y su narración se extiende hasta el primer milenio d.C. Además, tienen en común que, aunque no se consideran fuentes históricas completamente fiables, historiadores y arqueólogos las consideran importantes por las descripciones del antiguo Japón que contienen.

Cuando se mencionan diferentes versiones de un relato mitológico, se suele hacer referencia a la versión del Kojiki y a la del Nihon shoki. A veces, entre ambas obras sólo difieren detalles de una narración por lo demás idéntica, pero a menudo las diferencias son mayores y las dos versiones se contradicen. Dicha contradicción también puede darse dentro de la misma obra y se debe al hecho de que dos tradiciones diferentes se han encontrado y se ha intentado combinarlas en un mismo acontecimiento, aunque originalmente fueran independientes por sí mismas. Los nombres de algunos kami también difieren entre el kojiki y el nihon shoki; en tales casos, a menudo queda claro por el contexto que se está haciendo referencia al mismo kami.

El Kojiki es la obra literaria más antigua que se conserva en Japón. Es importante señalar que el contenido de todo el texto no se tomó directamente de otros registros y narraciones escritas más antiguos, sino que fue dictado oralmente por una sola persona.

La familia imperial y otros clanes familiares que gobernaron en distintas épocas elaboraron diversos registros de sus genealogías y diversas anécdotas relativas a sus orígenes y pasado, incluso antes de que surgiera el Kojiki. Esta práctica comenzó probablemente en el siglo VI d.C. Dado que a veces se producían contradicciones, el 40° emperador, Tenmu, ordenó durante su reinado una inspección y revisión más minuciosa de los registros con el fin de aclarar estas contradicciones y eliminar los errores que se habían deslizado con el tiempo. Al mismo tiempo, sin embargo, pretendía combinar varias familias gobernantes del pasado en una única gran familia ininterrumpida, así como establecer una legitimación mitológica para el gobierno de esta familia y para las posiciones de los miembros de otras familias dentro del sistema gobernante.

Un recitador llamado Hieda no Are (no se sabe si era hombre o mujer y no se puede discernir a partir del nombre) fue asignado para memorizar el resultado de esta revisión. Are era uno de los confidentes del Tenmu-Tennō, según la tradición poseía una memoria excepcionalmente buena y procedía de una familia cuyo linaje, según su propia declaración, se remontaba a Ame no Uzume. No fue hasta 711, es decir, 25 años después del final del reinado de Tenmu-Tennō, cuando la 43ª emperatriz, Genmei, encargó la redacción del Kojiki. El Kojiki fue terminado en su corte hacia el año 712 por el escriba Ō no Yasumaro. El contenido se basa en la narración reproducida por Are.

El texto del Kojiki está dividido en tres partes, precedidas de un breve prefacio de Ō no Yasumaro, en el que describe la génesis de la obra y explica su estructura y algunas de sus características escritas. La primera parte abarca desde el comienzo del Cielo y la Tierra y el Koto Amatsukami hasta el nacimiento del Jinmu-Tennō. La segunda parte describe el curso de la familia imperial a través del periodo de los 15 primeros emperadores, desde el Jinmu-Tennō hasta el Ōjin-Tennō. La tercera parte describe el curso posterior de la historia familiar desde Nintoku-Tennō hasta la 33ª emperatriz, Suiko-Tennō.

NIHON SHOKI

El Nihon shoki es la segunda obra literaria más antigua que se conserva en Japón y también la primera de las seis crónicas de mitología e historia japonesas escritas en la corte imperial en los siglos VIII y IX, todas las cuales tratan de un periodo de tiempo diferente. Difiere del Kojiki en muchos aspectos: Mientras que el Kojiki, escrito en chino-japonés, estaba destinado a los lectores dentro de Japón, el Nihon shoki, escrito en chino clásico, pretendía ser una crónica nacional que pudiera presentarse a otros pueblos.

El Kojiki también se basa en fuentes transmitidas dentro de la familia imperial, mientras que el Nihon shoki también obtiene su información de fuentes externas. Además, la información histórica del Nihon shoki se considera más cercana a la realidad. Esto contrasta fuertemente con el Kojiki, para el que es más importante un hilo narrativo mitológico coherente e ininterrumpido que una orientación precisa hacia los hechos históricos. Por último, las dos obras también difieren en que el Nihon shoki es más detallado en su aspecto histórico que el Kojiki, que tiende a simplificar los acontecimientos históricos y a embellecerlos con mitos. Sin embargo, omite algunas narraciones mitológicas, presumiblemente porque no son lo bastante relevantes para el contexto histórico de la obra.

A diferencia de las tres secciones del Kojiki (dividir un texto en tres partes, una "superior", una "media" y una "inferior", está muy extendido en la literatura japonesa clásica), el Nihon shoki consta de 30 capítulos. Sólo los dos primeros hablan de la edad de los kami, y el tercero comienza ya con el Jinmu-Tennō. Los demás capítulos se extienden hasta la 41ª emperatriz Jinō-Tennō, aunque no siempre se dedica un solo capítulo a cada Tennō, ya que en ocasiones se combinan dos o tres de ellos en un capítulo común, y el periodo Tenmu-Tennō se extiende incluso a lo largo de dos capítulos, lo que podría estar relacionado con su importancia para la aparición del Kojiki.

No se dedica ningún capítulo al 39° emperador, Kōbun-Tenno, ya que su reinado duró sólo unos meses. Se da un caso especial relativamente al principio del texto: Tras el tercer capítulo, que trata del primer emperador, el periodo de casi cinco siglos (581 a 98 a.C.) que va del segundo al noveno emperador se resume en un solo capítulo, en el que sólo se enumeran datos muy someros sobre sus vidas y reinados. Esto podría tener que ver con el hecho de que todos ellos se consideran absolutamente mitológicos y no están atestiguados de ninguna manera. Aunque esto también se aplica al Jinmu-Tennō, éste es demasiado importante, en contraste con sus sucesores llamados kesshi hachidai (literalmente "ocho emperadores sin crónicas"). Sólo el Sujin-Tennō, que también es el primer Tennō con pruebas históricas, vuelve a tener su propio capítulo.

Los capítulos no documentan casi exclusivamente las experiencias de la familia imperial, como en el Kojiki, sino que también incluyen relatos más amplios sobre el destino de Japón durante sus reinados. Los emperadores no son retratados exclusivamente en términos heroicos; al igual que se relatan las virtudes de los buenos emperadores, también se relatan las fechorías de los peores. También se documenta el contacto de Japón con países extranjeros. La historia del Kojiki también figura en el Nihon shoki. Para el periodo comprendido entre 661 y 697, se considera un documento históricamente exacto; el resto de la obra se considera que tiene diversos grados de veracidad.

Otras mitologías dentro de Japón

SINCRETISMO BUDISTA-SHINTŌISTA

Tras el establecimiento del budismo en Japón, comenzó el Shinbutsu-konkō (literalmente "mezcla Kami-Buda"), la unión del Shintō con el budismo importado de China. Así surgió, en algunos aspectos, una forma mixta de elementos del budismo y del Shintō. El término técnico para tal mezcla es sincretismo. Un fenómeno de esta combinación en algunos lugares fueron los llamados templos santuario formados por santuarios Shintō y templos budistas, o la popularización de los monjes santuario que estaban presentes como monjes budistas en la mayoría de los santuarios Shintō.

Aunque el shinbutsu-bunri ("literalmente división kami-Buda") del siglo XIX provocó de nuevo una separación, así como una reducción general de la influencia budista en Japón, algunas influencias del shinbutsu-konkō siguen presentes hoy en día. Entre ellas se incluye la asociación de varios kami de la mitología Shintō con deidades budistas. Éstas se consideraban idénticas a las respectivas deidades veneradas en el budismo o como otras encarnaciones o manifestaciones de las mismas.

Uno de los ejemplos más conocidos es que cuatro de los "siete dioses de la suerte" budistas (jap. Shichi-fukujin) siguen estando asociados a determinados kami. Ebisu, dios de los pescadores y de la pesca, suele considerarse idéntico a Hiruko, el primer hijo de Izanagi e Izanami, quien, tras ser abandonado por ellos en el mar, fue encontrado por las primeras personas que vivieron en Japón, que se ocuparon de él. Se dice que, tras sobrevivir a algunas penurias, sus deformidades de nacimiento se curaron, por lo que aún se le representa con una postura ligeramente encorvada, pero con una llamativa sonrisa.

También existen otras tradiciones según las cuales Ebisu es idéntico a Kotoshironushi, uno de los hijos de Ōkuninushi. Se cree que Daikokuten, dios de la cocina, la riqueza y la fertilidad, es idéntico a Ōkuninushi, ya que ambos están asociados al mismo lugar de Japón y a menudo se les representa llevando un saco a la espalda y acompañados de un ratón. También hay similitudes en sus grafías. Benzaiten, diosa del arte, la música y la elocuencia, se considera la esencia de Ugajin, kami de la cosecha y la fertilidad. A menudo se la representa con su imagen sobre la cabeza. Bishamonten, dios de la fortuna de la guerra, se asocia con Hachiman, el Ōjin-Tennō que se convirtió en kami tras su muerte. Hachiman también se asocia con el éxito en las batallas.

MITOLOGÍA DE LOS AINU

Los ainu son el pueblo indígena de la isla japonesa más septentrional de Hokkaidō y de la región de Tōhoku, en la isla principal de Honshū. Además, también son indígenas de algunas zonas del este de la actual Rusia. Pertenecen a un grupo étnico distinto al de los japoneses actuales y tienen su propia lengua, que no está relacionada con el japonés. Históricamente, han estado a menudo en conflicto con los japoneses, que, como muchos pueblos indígenas de todo el mundo, los han oprimido.

Sólo desde 2008 han sido reconocidos en Japón como pueblo indígena con cultura propia. Dado que muchos ainu han vivido aislados de la población japonesa en el pasado y siguen haciéndolo en la actualidad, no es de extrañar que también tengan su propia mitología. No se sabe tanto de ella como de la de los japoneses, lo que se debe en parte a que los ainu, como los japoneses, no tuvieron un sistema escrito durante mucho tiempo y los mitos se transmitían de forma puramente oral. Obras como el Kojiki y el Nihon shoki no existían ni existen entre los ainu. Debido a la opresión y la violencia que los ainu sufrieron por parte de los japoneses, su población disminuyó, de modo que sus creencias populares apenas se practican hoy en día, lo que también dificulta su estudio.

La mitología de los ainu tiene similitudes con la japonesa, por ejemplo, se habla de seres espirituales que se llaman kamuy en la lengua ainu. No sólo el nombre tiene similitudes con el término japonés kami. Las características de los kamuy también son similares, pero no idénticas. Además, una versión del mito de la creación ainu menciona a una pareja celestial llamada Ae Oyna Kamuy y Turesh que viene a la Tierra y cuyo hijo es el primer ainu. El hecho de que Ae Oyna Kamuy lleve una lanza es un sorprendente paralelismo con Izanagi e Izanami.

Un componente significativo de la mitología ainu que no se encuentra en la mitología japonesa es el importante papel del oso, que se refleja en el culto al oso, es decir, la adoración ritual de los osos. A menudo se cuenta cómo los Kamuy aparecen en forma de oso en el mundo de los humanos y sólo adoptan su verdadera forma en su propio mundo. En una versión del mito de la creación ainu, también se menciona al oso como antepasado original de los ainu, presumiblemente porque los ainu tienen un vello corporal más pronunciado que otros pueblos.

CUENTOS POPULARES Y LEYEN-DAS URBANAS

También merece la pena mencionar los cuentos populares y las leyendas urbanas que están muy extendidos en Japón. A menudo no se distinguen claramente de la mitología real. No suelen contener representaciones de los kami, pero sí incorporan cierto simbolismo u otros elementos establecidos por la mitología japonesa. Por ejemplo, la historia de Momotarō trata de un niño que nace de un melocotón y es criado como hijo por una pareja sin hijos. El importante papel del melocotón en la percepción japonesa está relacionado con su papel en la huida de Izanagi del inframundo, como se ha descrito anteriormente.

La historia de Urashima Tarō habla del joven pescador del mismo nombre que rescata a una tortuga de un grupo de niños que la están torturando para divertirse. Resulta que la tortuga es en realidad la princesa de un reino que yace bajo el mar, y como recompensa por su rescate es invitado por ella a su palacio al día siguiente. Allí se enfrenta a él en forma humana y ambos se casan. Después de pasar, desde su punto de vista, sólo unos días con ella, siente nostalgia y quiere volver a su tierra natal. La princesa accede a regañadientes y le da un ataúd para que se lo lleve, pero al mismo tiempo le advierte que nunca lo abra.

Una vez en tierra, descubre rápidamente que su familia, sus amigos y todas las demás personas que conocía ya no están allí, y que en su lugar, su casa y su ciudad natal son el hogar de personas desconocidas para él. Cuando pregunta a un hombre que pasa por allí si ha oído hablar de un joven llamado Urashima Tarō, éste le responde que el chico desapareció en el mar hace cientos de años.

Horrorizado y triste por haber estado ausente durante varios cientos de años, abre el ataúd. De repente empieza a envejecer y se convierte en un anciano con una larga barba blanca. El cofre contenía todos los años de su vida que había pasado en el palacio submarino. Al encerrarlos, se libró de sus efectos, y al abrirlos, éstos surtieron efecto con rapidez. En el fondo del cofre encuentra una pluma. La coge, se transforma con ella en una grulla y se va volando.

A pesar de algunas diferencias, se observan claros paralelismos con la historia mitológica de Hoori. Tanto Hoori como Urashima Tarō, como pescadores, se casan con una mujer que procede de un mundo submarino y reciben de ella un objeto sobrenatural. Ambos son advertidos explícitamente por sus esposas de que no deben hacer determinada cosa: Hoori no debe mirar a Toyotama-hime durante el parto y Urashima Tarō no debe abrir el ataúd. Pero, debido a su curiosidad, ambos desafían sus respectivas peticiones y tienen que asumir las consecuencias de sus actos:

Hoori pierde a su pareja y Urashima Tarō pierde su juventud o su vida. El rey del mar de la historia, Ryūjin, también se considera sinónimo de Watatsumi en algunas tradiciones. Además, se cree que el nombre de la historia, y quizá incluso toda su existencia, se debe a que en el capítulo 14 del Nihon Shoki, mucho después del relato de Hoori, se menciona de pasada que un muchacho llamado Urashima visitó el reino de Watatsumi y vio cosas maravillosas allí.

A la inversa, las figuras de los cuentos populares japoneses también influyen en la comprensión de la mitología. Durante mucho tiempo, Sarutahiko fue representado en las representaciones artísticas como un mono, debido a su nombre y también porque su cara y su grupa se describen como rojas. Sin embargo, la creciente popularidad de los tengu, criaturas míticas aladas con largas narices que son el tema de muchos cuentos populares, hizo que con el tiempo Sarutahiko, que también tiene una nariz excepcionalmente larga, fuera representado cada vez más con una apariencia externa parecida a la de un tengu.